Monika Kubach

Die Fratze mit Hut
dichtet dich dicht

Satirische Gedichte

AF139441

Die Autorin über Poesie:

Umfragen in Fußgängerzonen ergaben, dass 76,53 Prozent der Deutschen bei *Byron* an einen Adelstitel, bei *Tennyson* an einen Bundesstaat der USA, bei *Wordsworth* an eine Einzelhandelskette, bei *Coleridge* an Zahncreme, bei *Scott* an einen Chefingenieur aus einer Science-Fiction-Serie, bei *Keats* an ein Vergnügungsviertel und bei *Shelley* an Götterspeise denken. Darauf trinke ich einen doppelten *Burns* ohne Eis.

Bisher erschienen:
Gut gelaufen, Thisbe! – Ida Obersteyns Tagebuch 2011
ISBN 978-3-8448-1891-8
150 Limericks – Eine Reise durch Deutschland
ISBN 978-3-8482-2790-7
Neues von der Fratze mit Hut – Satiren
ISBN 978-3-7386-0025-4

Monika Kubach

Die Fratze mit Hut
dichtet dich dicht

Satirische Gedichte

Bibliografische Information der Deutschen Nationalbibliothek:
Die Deutsche Nationalbibliothek verzeichnet diese Publikation
in der Deutschen Nationalbibliografie; detaillierte bibliografische Daten sind im Internet über www.dnb.de abrufbar.

Copyright © 2015 Monika Kubach
Copyright © Umschlagabbildung 2015 Monika Kubach
Herstellung und Verlag:
BoD – Books on Demand, Norderstedt

ISBN 978-3-7392-0399-7

Gehwegflora

Neben einer Gehwegplatte,
die sich leicht verschoben hatte,
wächst auf einer Humuskrume
eine kleine Butterblume.

Fast hätt ich sie übersehen
und sie im Vorübergehen
in der stark bewölkten Nacht
mit dem Absatz plattgemacht.

Grade noch zur rechten Zeit
sah ich, was dort macht sich breit,
und ersparte ihr den Tritt
durch gekonnten Ausfallschritt.

Deshalb blüht sie nach wie vor,
als nun kommt der Labrador,
der begeistert hebt sein Bein.
Daran geht sie leider ein.

Shopping

Gutgelaunt nahm ich entgegen
den Geburtstagsgeldscheinsegen.
»Kauf davon was Schönes dir!«,
sagten meine Lieben mir.

In die Stadt, die ich gern mag,
fuhr ich dann am Donnerstag,
um zu kaufen von der schicken
Sommerkleidung in Boutiquen.

Doch die Blusen in der ersten
machten dick wie kurz vorm Bersten.
Zum Kontrast saß eine Hose
an den Hüften reichlich lose.

Auf ging's in den nächsten Laden
zu dem Kleid mit losem Faden,
dessen Schnitt mich machte schlank.
Leider war die Farbe krank.

Modezar, nun sage mir:
Was geht denn nur vor in dir,
wenn du die Entwürfe machst?
Wetten, dass du dabei lachst?

Der Machtkampf

Die dumme Sau streicht durch den Wald
und stört sich an den Bäumen bald.
Drum reibt sie sich an einer Eiche,
damit der Baum von hinnen weiche.

Den Baum jedoch stört dieses nicht.
Er ist zwar nicht darauf erpicht,
doch hat er oft im Weltgescheh'n
die Deppen wieder gehen sehn.

So bleibt er einfach, wo er ist.
Die Sau denkt sich: »Granatenmist!
Das Ding hat keinerlei Respekt
vor meinem kompetenten Speck!«

Nun reibt sie sich dort immer wilder.
Den Baum stimmt das kein bisschen milder.
Er lässt ein paar der dicken, prallen
Äste auf das Wildschwein fallen.

Und hat die Sau das erst begriffen,
fühlt sie sich auch gleich angegriffen
und heult natürlich dicke Tränen.
Will sie sich doch als Opfer wähnen.

Protestwähler

Die Politik ist eine Qual.
Oh, ihr Parteien könnt mich mal!
Auf die Regierung ich nur fluche
und mir nun eine andre suche.

Dabei les ich kein Manifest.
Ab jetzt wähl ich nur aus Protest.
Aus Zeitmangel ich auch nicht kann
studieren ein Parteiprogramm.

Viel lieber höre ich da mir
Horsts Meinung an bei einem Bier.
Denn er kennt sich ja bestens aus.
Was er nicht weiß, das weiß der Klaus.

Ich wähle lieber eine Meute,
denn die denkt auch an kleine Leute.
Was ich euch schon seit Jahren sag:
Wählt keine aus dem Bundestag!

Und sollte einmal angenommen
mein Favorit zu Ämtern kommen,
so macht das nichts. Beim nächsten Mal
treff ich dann eine andre Wahl.

Das Idol

Du bist so schön. Du bist so klug
und weißt wohl auch mehr als genug.
Die Welt ist ganz berauscht von dir.
Nun dringt dein Ruhm sogar zu mir.

Ich seh mir dich genauer an.
Auch weil mich gern so dann und wann
die Neugier packt und nicht mehr weicht.
Ihr zu entrinnen ist nicht leicht!

Dein äuß'rer Schein ist glatt und prall.
Drum bohre ich einfach einmal
ein kleines bisschen weiter nach.
Oh! Gar nicht gut! Denn bald danach

weht heiße Luft mir ins Gesicht,
und deine schöne, äuß're Schicht
schlägt Falten und war Blase nur.
Von Intellekt gar keine Spur!

Männliche Lebenskrise

Es ist ein übles Missgeschick,
zieht sich die Haarpracht ganz zurück.
Erwacht man kahl am frühen Morgen,
muss man sofort für Ausgleich sorgen.

Es bietet sich zum Beispiel an
im Sportwagen herumzufahr'n.
Die Golfschläger dann noch dazu.
Da haben Zweifel vorerst Ruh'.

Zigarre passt zum Image auch.
Und zieht man ein den dicken Bauch,
man sich doch sehen lassen kann,
denkt sich ein so betroff'ner Mann.

Wir Frauen schütteln nur den Kopf.
Denn wird beim Mann auch kahl der Schopf,
so stört uns das doch wirklich nicht!
Im Zweifelsfall dimmt man das Licht.

Heimatlied

Wo Bächlein leis plätschern so lieb und so hold,
und Bäume sanft rascheln mit Laub in Rot-Gold.
Wo Kühe sich fressen am Gras rund und fett,
stand statt einer Wiege nur mein Gitterbett.

Es stand nicht direkt dort, denn da war es kalt.
Im Haus war es wärmer, drum wurd ich dort alt.
Das singe ich nun in der Freude ganz laut.
Die Reime doch schießen jetzt hier wild ins Kraut.

Oh, Heimat! Oh, Heimat! Dich geb ich nicht auf!
Obwohl ich vor dir gern mal schreiend weglauf.
Doch hier aus der Ferne verklärt sich dein Bild.
Da lieb ich dich plötzlich von Herzen und wild!

Lückenbüßer:
An einem schönen Tag im Mai
da gingen durch den Wald wir zwei.
Es fiel ein Ast vom Baum herunter.
Du warst gleich tot. Nur ich blieb munter.

11

Das anstößige Foto

Aus dem Werbeeinheitsbrei
sticht heraus ein Nackedei:
Kein Gesicht, nur blanker Po,
nackte Brust ja sowieso.

Groß ist deshalb die Empörung
über die Moralzerstörung
bei ein paar der Zeitgenossen.
Mancher hat es still genossen.

Da will ich nicht abseits stehen –
Zeit, es mir mal anzusehen!
Was hat denn dies Bild verbrochen?
Zeigt es doch nur Haut und Knochen!

Lückenbüßer:
Der Wind weht über alle Hügel.
Die Frau nimmt einen Kleiderbügel
und schlägt dem Mann den Schädel ein.
Kann Wetterfühligkeit schuld sein?

Samstagskonzert

Kaum hat man sich's bequem gemacht,
beginnt der Lärm, dass es nur kracht.
Denn ist am Samstag mal kein Regen,
muss man den Mäher prompt bewegen.

Es gibt nur keine feste Zeit,
zu der man ist dann mähbereit.
Stattdessen mäht man in Etappen.
Nur so kann's mit dem Nerven klappen!

Kaum ist der eine Nachbar fertig,
frönt schon der nächste seinem Mäh-Tick.
Und meint man »Jetzt müsst' Ende sein!«,
fällt Horst die Motorsäge ein.

Der nächste Winter kommt bestimmt!
Die Holzscheite dann fertig sind.
Und ist nun endlich einmal Ruh',
wirft jemand Autotüren zu.

Der Provocator

Es kam ein Provocator –
das war ein Gladiator –
des Nachts in die Arena.
Dort kämpfen wollte jener.

Doch leider war da keiner.
Halt! Hinten wischte einer
(ganz still und frohgemut drauf)
Dreck, Tränen, Schweiß und Blut auf.

»Hey!«, schrie der Provocator.
»Du dummer, kleiner Narr-Tor!
Du traust dich ganz bestimmt nicht,
zu kämpfen gegen mich! Wicht!«

»Das ist doch Scheibenkleister!
Ich bin bloß der Hausmeister!
Du willst wohl nur ausweichen
dem Kampf mit deinesgleichen!

Was wäre daran mutig,
zu schlagen mich ganz blutig?
Mit Schwert bekämpfst du mich grob,
und mir bleibt nur mein Wisch-Mopp.

Da wir im alten Rom sind,
weiß selbst das kleinste Schoßkind:
Ein Kampf muss immer fair sein!
Wenn nicht, ist man zu sehr Schwein!

Es kämpft ein Provocator
stets gegen Gladiator!«
(Die alten Römer waren
ja schließlich nicht Barbaren!)

»Wie kommst du mir denn da vor?«,
rief da der Provocator.
»Dies Schimpfwort wirst du büßen!«
Er ließ sein Schwert ihn grüßen.

Aus diesem Grund ist heute,
wie ihr wisst, liebe Leute,
die Fairness ausgestorben
und Schmu stets heiß umworben.

Mein Garten

In den Rabatten macht zurzeit
sich jede Menge Unkraut breit.
Die Nachbarin sich deshalb bückt
bis sie's im Rücken kräftig zwickt.

Doch auch im Rasen – kaum verdeckt –
der Löwenzahn den Kopf hochstreckt.
Von Ordnung gibt's in der Natur
zum Leid der Nachbarn keine Spur!

Man kann sich nur geschlagen geben,
anstatt zu jäten lieber leben
und allen Nesseln – auch den tauben –
das Wachstum überall erlauben.

So lehn ich mich entspannt zurück
und sehe als das größte Glück
die kunterbunte Blumenwiese.
Auf dass sie immer kräftig sprieße!

Abschied

Aus Sperrholz, Nägeln, Lack und Leim
bau ich ein Wolkenkuckucksheim.
Dort wohne ich dann ganz allein.
Die echte Welt ist mir zu klein.

Fernab von aller Pein und Qual
ruf ich euch zu: »Ihr könnt mich mal!«
Ich drehe euch den Rücken zu
und habe endlich meine Ruh'!

Ich geh auf Nimmerwiederseh'n.
Da hilft kein Jammern und kein Fleh'n.
Dort sitz ich dann in meinem Loch
und merke nicht: Ich brauch euch doch!

Lückenbüßer:
Die Raupe lebt auf einem Baum,
in dessen Laub man sieht sie kaum.
Und ist im Herbst das Laub dann weg,
hat auch ihr Nörgeln keinen Zweck.

Großreinemachen

Den Schrubber stell ich in die Ecke.
Die Spinnwebe dort an der Decke
darf ebenfalls noch etwas bleiben.
Man kann es ja auch übertreiben!

Muss dort am Herd der dunkle Fleck
denn ausgerechnet heute weg?
Und auch die Fenster sind nicht dreckig –
wohl höchstens hier und dort mal fleckig.

Die Eingangstreppe geht auch noch.
Die mache ich dann am Mittwoch.
Und auch der Teppich dort im Zimmer
Hat nur 'nen leichten, grauen Schimmer.

Der Staub hält wahrlich sich in Grenzen,
denn man sieht ab und an was glänzen.
Das Bad ist auch noch nicht so schmierig,
dass ich aufs Putzen wär begierig.

Ich mach mir erst mal eine Tasse,
bevor ich mich damit befasse.
Dann setze ich die Brille ab,
wodurch ich's hier gleich saub'rer hab.

Wozu dient überhaupt das Putzen?
Die Möbel sich doch bloß abnutzen!
Und allzu große Sauberkeit
führt nur zu 'nem Familienstreit.

Lückenbüßer:

Wenn früh um fünf der Wecker schellt,
der Egon in die Höhe schnellt
und ruft: »Nur Frühaufsteher siegen!«
Dann fällt er um und schläft bis sieben.

19

Wa(h)re Kreativität

Für den nächsten Lyrikband
nehm ich nun den Stift zur Hand
und dreh sanft mit zarter Kurbel
durch den Fleischwolf mein Geschwurbel.

Frei von der Gedanken Last
ist das Teil ganz schnell verfasst.
Und wenn mal ein Reim nicht passt,
hilft ganz fix die Füllwortmast.

Aus den Wörtern bild ich Ketten.
Fertig sind die Reim-Schmonzetten,
die euch stets zu Tränen rühren
und zum Bücherkauf verführen.

Fehlt es mir noch an Gefühlen,
kann in altem Deutsch ich wühlen
und mich recht verquast ausdrücken.
Meine Leser wird's entzücken.

Scheiden sich doch nie die Geister
an 'nem wirklich wahren Meister,
der ich garantiert auch bin.
Fehlt hier doch komplett der Sinn.

Doch in meinem tiefsten Innern
kann ich mich gar nicht erinnern,
dass ich was zu sagen habe.
Macht nichts! Ich tarn's mit Gehabe.

Lückenbüßer:
Es schenkt sich ein das letzte Glas:
der Horst. Ab morgen hält er maß.
Am Folgetag hat er bald Sorgen,
verschiebt die Abstinenz auf morgen.

Heidegedanken

Du, meine liebe Heide,
bist eine Augenweide,
liegst still zu meinen Füßen,
lass dich von mir begrüßen!

Dich, meine liebe Heide,
ich immer gern erleide,
stehst du in deiner Güte
doch oft in voller Blüte.

Dir, meine liebe Heide,
ich niemals was ankreide.
Wächst du hier doch ganz friedlich
und machst es dir gemütlich.

Dich, meine liebe Heide,
ich stets beim Wandern meide.
So mancher Trampelwicht
zeigt solche Vorsicht nicht.

Dir, meine liebe Heide,
drück ich die Daumen beide,
dass niemals dir geschieht,
was vielem heute blüht.

Dein, meine liebe Heide,
sind Blüten wie aus Seide.
Man nennt dich manchmal Erika.
Doch darauf reimt sich nichts.

Lückenbüßer:
Es sagte mal ein Osterei
zu seinem Kumpel Westerei:
»Ich bin hier ganz getrost dabei
und mach aus deiner Schwester Brei.«
Darauf sagte das Süderei
zu seinem Kumpel Norderei:
»Und wird man dabei müd' wie Blei,
erholt man sich auf Norderney.«

Goethe-Plagiat

Wer torkelt so spät durch Nacht und Wind?
Zwei Weiber, die sehr betrunken sind.
Lou hat die Flaschen wohl in dem Arm,
sie fasst sie sicher und hält sie warm.

»Mensch, Kim, was birgst du so bang dein
Gesicht?«
»Siehst, du Fregatte, dein Äußeres nicht?
Auf deiner Stirn klebt ekliger Schweiß!«
»Ach, Kim, mir ist nun mal so heiß.«

»Du liebe Zeit, schau dich doch an!
Man sich mit dir nicht zeigen kann!
Selbst bunte Blumen dort von dem Stand
verdecken die Flecken nicht auf dem Gewand!«

»Ach, Mädel, mein Mädel, ich höre es nicht,
wenn sich mein Magen leise erbricht.«
»Sei ruhig, bleibe ruhig, du Weib,
dann bleibt's auch still dort in deinem Leib.«

Der Sinn des Lebens

Es lebt ein jeder in der Welt,
die ihm auf Anhieb gut gefällt.
Man stattet sie mit Plunder aus
und haust darin in Saus und Braus.

So nebenbei erfindet man,
was großen Neid erregen kann.
Denn rumzuprotzen möglichst viel,
ist doch des Lebens wahres Ziel.

Auch wenn man sich's nicht leisten kann,
kauft man sich Schrott so dann und wann.
Und ist das Leben dadurch schwer,
rein optisch ist es so nicht leer.

Die Wirklichkeit läuft anders ab.
Da hält die Wahrheit uns auf Trab.
Drum flüchten wir ins Luftschloss schnell.
Wir sind nun einmal nicht sehr hell.

Mietshauslyrik

(inspiriert von »Mein kleiner grüner Kaktus« von den Comedian Harmonists)

Die kleine Säufer-Lisa kotzt heute vom Balkon,
hollari, hollari, hollaro!
Sie kotzt auf Nachbars Rosen. Das hat er nun davon,
hollari, hollari, hollaro!
Und wenn der Nachbarwicht ermahnend zu ihr
spricht,
dann holt sie ganz tief Luft und sie erbricht, bricht,
bricht.
Die kleine Säufer-Lisa vergreift sich gern im Ton,
hollari, hollari, hollaro!

»Sie kennen doch die Lisa, die kotzt von dem Balkon,
hollari hollari hollaro?
Die fiel soeben runter, was halten Sie davon?
Hollari, hollari, hollaro!«
Sie liegt nun auf dem Grund, ist überall ganz wund.
Da sagen alle Leute nur: »Na und, und, und?«
Dazu »verhalf« der Nachbar - er weiß es also schon,
hollari, hollari, hollaro!

Mein kleiner, fetter Nachbar turnt nackt auf dem
Balkon,
hollari, hollari, hollaro!
Er macht das ohne Hosen, da kennt er kein Pardon,
hollari, hollari, hollaro!
Man sieht den weißen Po, das andre sowieso.
Und wenn er hüpft, dann zuckt sein Bauch wie ein
Jo-Jo.
Mein kleiner, fetter Nachbar gerät aus der Fasson,
hollari, hollari, hollaro!

Die dreiste Labertasche quatscht laut auf dem Balkon,
hollari, hollari, hollaro!
Sie kreischt dort in ihr Handy und nestelt am Sa-
rong,
hollari, hollari, hollaro!
Es ist schon Mitternacht, was es noch schlimmer
macht.
Es bringt auch nichts die Drohung, dass es kracht,
kracht, kracht.
Da hilf nur eins: Ich schlage ganz laut auf meinen
Gong,
hollari, hollari, hollaro!

Lüften

Zarte Frühlingsluft hier weht,
wenn das Fenster offen steht.
Auch die Nachbarn lüften fleißig,
denn der Wind ist nicht mehr eisig.

Nur Frau Berger friert noch immer,
und ich habe keinen Schimmer,
was in ihr'm Kamin verkohlt.
Der Gestank mich bald einholt.

Auf die Frischluft ganz versessen
öffne ich beim Mittagessen
vorsichtig den Fensterflügel.
Nein, jetzt riecht es nicht mehr übel!

Doch nun hab ich andre Nöte.
Denn Klein-Lena spielt jetzt Flöte.
»Kann man«, frag ich euch, ihr Lieben,
»nur bei off'nem Fenster üben?«

Café-Geschichten

Ist er nicht ein süßer Fratz,
dieser kleine Hosenmatz,
der dort an dem Nachbartisch
aus dem Wagen guckt so frisch?

Seine Mama, ganz verbissen,
zupft zurecht das kleine Kissen,
das den Babyrücken stützt.
Ob das Zupfen wohl viel nützt?

Denn der Kleine zappelt kräftig,
und der Wagen wackelt heftig,
bis der ganze Tisch vibriert.
Mama die Geduld verliert.

Ganz als wär' das ein Verbrechen
und als ob es könne sprechen,
sie deshalb das Kind anmotzt,
welches lachend auf sie kotzt.

Selbstreflexion

(inspiriert von »Somewhere Only We Know« von Keane)

Ich weiß doch nie, was wichtig ist,
und kümmer mich deshalb oft um jeden Mist.
Es haben andre ein Problem,
doch meine Lösungssuche ist sehr bequem.
Ich simples Ding mach viel zu viel
und schaff es deshalb auch nur selten an mein Ziel!
So sag mir, wann werd ich das nur versteh'n
und mich in Zukunft endlich besser mal vorseh'n!

Ich hör den neuen Hilferuf
und schwinge daraufhin auch wieder den Huf.
Ist das der Sinn und Zweck des Seins?
Ist das mein Glück oder ist's eher deins?
Ich simples Ding mach viel zu viel
und schaff es deshalb auch nur selten an mein Ziel!
So sag mir, wann werd ich das nur versteh'n
und mich in Zukunft endlich besser mal vorseh'n!

Und bin ich völlig fertig mit den Nerven,
werd ich mich gleich wieder voll reinwerfen.
Warum halt ich mich davon nicht fern?
Mach ich das etwa selber auch noch sehr gern?
Selber auch noch sehr gern?
Nichts liegt mir so sehr fern!

Landnahme

Wo Großvater einst herrschte,
sieht heute man Verfall.
Wo er einst pflanzte Gerste,
wächst Unkraut überall.

Ich hätte auch gern Beete.
Doch fehlt dazu mir Land.
Denn das, was Opa säte,
durch Vaters Suff verschwand.

Mich selbst hab auserkoren
ich, Johann ohne Land,
zu herrschen in den Foren.
Die fahr ich an die Wand.

In den Autorenforen
ist Herrschsucht sehr bekannt.
Dort streu ich den Autoren
nun in die Augen Sand.

Wohl hab ich nicht mal Reste
von meiner Ahnen Land.
Ich mach daraus das Beste
und kauf im Baumarkt Sand.

Backtag

Kaum hab ich am Ende
im Brotteig die Hände,
da klingelt auch schon
das Flurtelefon.

Ich wasche sie fluchend,
nach Handtüchern suchend
und melde mich dann.
Doch keiner ist dran.

So knete ich wieder
und sing frohe Lieder.
Doch dort an der Tür
es klingelt dafür.

Ein Mann ruft: »Erwachet!«
Die Tür ins Schloss krachet.
Ab jetzt – mit Verlaub –
da stell ich mich taub!

Meine Gefühle (Poesie!)

Schwurbelkurbel, Schwurbelwehe!
An der Kurbel ich gern drehe.
Mit Geschwurbel ich gern dichte,
mir dabei ein Sülzbrot richte.

Schwurbelhupe, Schwurbelpupse!
Mit der Hupe ich gern hupse.
Mit dem Reimen ich's nicht habe,
mich am Sülzbrot trotzdem labe.

Schwurbelprosa, Schwurbelwichte!
Kommt die Prosa in Gedichte,
schwindet Hemmung gänzlich balde.
Ich ess Sülzbrot gern im Walde.

Lückenbüßer:
Für Horst fährt Eva in die Stadt,
weil er kein Herrenhemd mehr hat.
Dort wühlt in Hemden sie voll Glück
und kommt mit neuen Pumps zurück.

Der Kreuzzug
(Befreiung der Poesie aus den Händen der Unbegabten / Drama in drei Akten)

1. Akt

Wohl aus purer Langeweile
ich der Welt zu Hilfe eile,
um die Poesie zu schützen
vor den schlimmen Reimschlafmützen.

Diese üblen Unbegabten,
die sich an der Lyrik labten,
will ich gänzlich nun ausrotten,
weil sie Poesie verschrotten.

Doch wo sind die Übeltäter,
Frevler, Poesie-Verräter?
Nirgends kann ich sie entdecken!
Wo sie sich wohl nur verstecken?

In den noblen Lyrik-Foren,
wurde Poesie geboren,
die Verbrechen nicht verübte,
was mich heimlich sehr betrübte.

2. Akt

Ah! Dort an dem schlimmen Orte,
diesem Hobby-Schreib-Aborte,
hab ich noch nicht nachgesehen!
Wie die Aktien dort wohl stehen?

Wunderbar! Ich wurde fündig!
Leider sind sie leidlich mündig.
Trotzdem ich die Tat vollbrachte
und den Bengeln Beine machte.

Denn man sagt doch für gewöhnlich:
Unter Blinden ist der König,
dem ein Auge ist geblieben.
Den muss achten man und lieben.

So ein Kreuzzug ist beschwerlich,
und sein Ausgang – ich bin ehrlich –
liegt vielleicht im Ungewissen,
wird nicht gründlich zugebissen.

Denn schon damals, als man wollte,
dass der ›Heide‹ sich schnell trollte
aus dem Alt-Jerusalem-Ort,
war das Ende nicht bequem dort.

3. Akt

Doch was kümmert mich Geschichte?
Meine Welt sind die Gedichte!
Nieder mit dem Reim-Geplauder!
Diesen Ort mach ich jetzt sauber!

Kann zwar sein, dass ich am Ende
nur noch sehe leere Wände,
wenn ich alle hier entferne,
die ich reimen hör nicht gerne.

Trotzdem will ich es probieren.
Denn ich hab nichts zu verlieren.
Geh ich allen auf den Wecker,
bleiben mir die Speichellecker.

Sind nur Scherben noch zu sehen,
kann ich einfach wieder gehen.
Auf den Ausgang ich mich freue.
Drückt die Daumen! Toi! Toi! Toie!

Der Chor aus der griechischen Tragödie:

Ja, unser Mobbing-Moppel
mit seinem Mob-Gehoppel
hat leider kein Gewissen
und wieder zugebissen.

Gibt er denn niemals Ruhe?
Hilft's denn, wenn ich laut buhe?
Als Einaug' unter Blinden
will er hier Beifall finden.

Was soll'n wir mit ihm machen?
Das ist ja nicht zum Lachen!
Anstatt ihn vollzuschleimen
scheiß ich ihn zu mit Reimen!

(Es darf im Takt geklatscht oder geschunkelt werden. Die Akkordeonbegleitung muss man sich hier
leider dazudenken.)

Mittwoch

Der Wecker verstummt.
Der Schädel mir brummt.
Der Wasserhahn tropft.
Das Klo ist verstopft.
Der Trockner nicht startet.
Der Job auf mich wartet.

Der linke Schuh drückt.
Die Hose mich zwickt.
Die Parkuhr läuft ab.
Der Motor säuft ab.
Die Kinderchen quengeln.
Die Leut' sich vordrängeln.

Das Essen misslingt.
Der Staub mich umringt.
Der Hund sich versteckt.
Die Pflanze verreckt.
Das Geld sich verkrümelt.
Der Mann herumlümmelt.

Muttis großer Tag

Er ist nun heute endlich da:
Muttis großer Tag!
Ich kaufe ein paar Gerbera,
die sie so gerne mag.

Dann putze ich die Schuhe blank,
weil sie sehr darauf achtet.
Ich gehe auch noch rasch zur Bank,
von Eifer ganz umnachtet,

und kaufe schnell mit diesem Geld
ihr einen neuen Duft.
Ich hoffe, dass er ihr gefällt,
sonst bin ich für sie Luft!

Und dann backe ich auch noch
ihren Lieblingskuchen.
An einer Seite ist ein Loch?
Ich musste ihn versuchen ...

Vor ihrer Türe steh ich dann,
hab Angst vor ihrem Lästern.
Sie fährt mich auch prompt wütend an:
»Mein großer Tag war gestern!«

Der Wonneknubbel

Mit deinen großen Augen
siehst du mich fragend an.
Dir ist bewusst, dass ich »Nein«
wohl niemals sagen kann.

Dein schönes, buntes Spielzeug
muss überallhin mit.
Du wirfst es aus dem Wagen;
das Bücken hält mich fit.

Mit einem breiten Lächeln
sabberst du mir alles voll.
Dabei guckst du so niedlich;
ich find dich einfach toll.

Auf deinen kleinen Beinchen
da torkelst du herum.
Und wirst du dabei müde,
dann fällst du auch mal um.

Mit deiner vollen Stimme
verschaffst du dir Gehör.
Ich komm dann gleich gelaufen;
weghören fällt mir schwer.

Deine volle Windel
»parfümiert« das ganze Haus.
Ich geb dir schnell 'ne neue;
doch du ziehst sie gleich aus.

Mit deinen Patschehändchen
erkundest du die Welt.
Sie ist danach 'ne andre,
die mir auch gut gefällt.

Lückenbüßer:
Der Hugo sich ein Streichholz nimmt,
und bald die Einschlaf-Kippe glimmt.
Und wenn er sie einmal nicht ausdrückt,
um drei die Feuerwehr schnell ausrückt.

Die Suche

Vor dem Bio-Supermarkt
Anabel das Auto parkt.
Dies ist leider überbreit,
und sie hat nur wenig Zeit.

Die von ihr gewählten Lücken
haben alle ihre Tücken.
Gleich die erste ist zu schmal.
Der Versuch ist eine Qual.

Das muss sie dann doch begreifen
und fährt mit den Vorderreifen
in die nächste Parkplatztasche.
Dort liegt 'ne kaputte Flasche.

Sie doch lieber weitersucht
und die Schrägparker verflucht.
Leider dreh'n noch andre Kunden
auf der Suche ihre Runden.

Langsam leert der Platz sich dann,
so dass sie was finden kann.
Glücklich parkt sie ein im Nu.
Doch der Laden ist jetzt zu.

Jogging

Weil neuerdings mich kneift der Rock,
lauf ich nun morgens um den Block.
Auf diese Weise man ganz leicht
das Idealgewicht erreicht.

Vorbei an Müll und Coladosen,
Kaugummis und Heckenrosen
und dem Dreck von vielen Hunden
dreh ich täglich meine Runden.

Doch leider bin ich nicht allein.
Da fährt doch dieses dumme Schwein
mit seinem Rad auf dem Trottoir
und streift mich dabei um ein Haar!

Und das mit Regelmäßigkeit,
die unbedingt nach Rache schreit!
Des Abends lieg ich deshalb wach
und denk über Vergeltung nach.

Nächster Tag, ich bin ganz munter,
bücke mich zum Schuh hinunter.
Der Radler einen Schlenker macht
und gegen die Laterne kracht.

Der Oberlehrer

Er zeigt gern dieser dummen Welt,
wie man die Schaufel richtig hält.
Doch wer als Vorbild sich hinstellt
und andren jeden Spaß vergällt,
indem er laut Befehle bellt,
oft in die eigne Grube fällt.

Lückenbüßer:
Unter einer Buchenhecke
tanzt die Raupe mit der Schnecke.
»Pass doch auf, du Trampelstück
und zieh deinen Fuß zurück!«
Doch darüber lacht die Schnecke,
bringt die Raupe schnell zur Strecke:
»Wo soll dieser Fuß wohl sein?
Zieh du deinen Schwanz erst ein.«

Gegen Abend

Sie wohnte ganz alleine
im Zimmer Hundertzehn.
Er hatte Claras Beine
beim Frühstück oft gesehn.

Er fand sie für ihr Alter
sehr hübsch und reizend noch.
Zu seinem Pech war Walter
ein Angsthase jedoch.

Er hatte Glück. Durch Zufall
im hellen Speisesaal
ein Marmeladenunfall
beendete die Qual.

Sie lachten beide herzlich.
Die Clara scherzte froh:
»Den Fleck am Kleid verschmerz ich.
Das trägt man heute so.«

Bald wohnten sie zusammen
im Heim »Am Wiesengrund«.
Und niemand soll verdammen
den späten Lebensbund.

Stelldichein

Im Wald am See sie trafen sich
ganz heimlich spät am Abend,
da Schüchternheit so langsam wich,
von Stund' zu Stund' mehr wagend.

Sie sah ihm in die Augen tief.
Sein Blick war hohl und leer.
Aus seinen Achseln quoll der Mief
und wurde immer mehr.

Der Mond ging auf, so weiß und rund,
und schien auf sie hernieder.
Sie küsste ihn auf seinen Mund
und sank betäubt danieder.

Dies Drama zeigt uns endlich klar,
dass ein Vampir verwest.
Und was im Kino rührend war,
fällt durch beim Praxistest.

Mein geliebter Begleiter

Egal, wohin ich auch gehe,
so denke ich doch stets an dich.
Dein Antlitz ich gerne sehe.
So glücklich macht es stetig mich.

Drum sei es hiermit bekräftigt:
Ich möchte nie ohne dich sein!
Mit dir bin ich gern beschäftigt.
Obwohl du nur bist winzig klein.

Dein Display glänzt ach so lieblich.
Ich streichle die Tasten sehr sanft.
Dein Klingeln klingt zart und friedlich,
sodass sich mein Herz nie verkrampft.

Du bist stets an meiner Seite
auch im dicken Straßenverkehr.
Fußgänger springen beiseite,
fahr ich mit dir, Smartphone, umher.

In munterer Gesellschaft

Ihm weht der Wind kühl ins Gesicht.
Doch einen Krokus stört das nicht.
Und auch das Schneeglöckchen ganz keck
schiebt alle Schneebröckchen dort weg.

Der Käfer regt sich unterm Blatt,
wo er den Frost verschlafen hat.
Zur Hälfte traut sich nun heraus
die Schnecke aus dem Schneckenhaus.

Die Vögel singen im Verein
und könnten gar nicht munt'rer sein.
Schon bald bau'n sie ein warmes Nest
und feiern dort das Hochzeitsfest.

Ganz hinten in der Scheune Stroh
macht Nachwuchs eine Katze froh.
Kaninchen hoppeln kess umher
und werden stetig immer mehr.

Es grünt und blüht jetzt überall.
Wo's noch nicht grünt, ist's bald der Fall.
Warum quält mich zu dieser Zeit
die doofe Frühjahrsmüdigkeit?

Herbstgedanken

Blumen welken, Blätter fallen,
Nebelschwaden ziehen auf.
Moderluft liegt über allen
Wäldern. Es ist Schlussverkauf.

Winterfutter wird gesammelt.
Weg ist schnell die Haselnuss.
Denn bevor sie noch vergammelt,
hilft sie mir, zu schreiben Stuss.

Dann ein Herbststurm kommt gebrauset,
fegt hinweg die Sommerpracht.
Wo ein Käfer einst geschmauset,
wird er selbst nun plattgemacht.

Dort, wo gestern Grün gewesen,
morsches Holz zusammenbricht.
Grabt euch ein, ihr Sommerwesen!
Denn der Winter ist in Sicht.

Ruhe legt sich über Wiesen,
stetig länger wird die Nacht.
Und in Städten wird mit diesen
Laubgebläsen Krach gemacht.

Der Weihnachtsmann

Ich komm aus einem Ort im Norden.
Drum bin ich Weihnachtsmann geworden
und sitze nun tagaus, tagein
im Kaufhaus rum und stink nach Wein.

Es juckt der Vollbart im Gesicht.
Doch eure Kinder juckt das nicht.
Sie rutschen rum auf meinen Knien.
Fast hätt ich sie heut angeschrien.

Die Weihnachtswünsche nennen sie.
Darunter Zeugs – ihr glaubt es nie!
Elektrokinderautos und
ein Pony und ein Zauberhund!

Als könnten sie das bei mir buchen!
Und hinterher sie mich verfluchen,
wenn von dem so gewünschten Mist
nichts unterm Baum zu finden ist.

Warum nur schickt ihr sie zu mir?
Und außerdem: Was mach ich hier?

Weihnachtsgeschenkerausch

Leise rieselt das Geld
auf die westliche Welt.
Einkaufen, dass es nur knallt.
Ungehört Warnung verhallt.

In den Läden im Nu
bist recht bald dann auch du.
Gutscheine, Bücher und Schnaps.
Haben wir nicht einen Klaps?

Wollten wir nicht einmal
endlich stoppen die Qual?
Ich schlug uns vor den Verzicht.
Doch daran hältst du dich nicht.

Lückenbüßer:
Im November mit 'nem Knall
schoss die Zeit in freiem Fall
direkt in den Januar.
Weihnachten fiel aus dies' Jahr.

Einkaufsbummel

Das Weihnachtsfest wär' wunderschön,
müsst ich nicht in ein Kaufhaus gehn,
um dort im Zickzack rumzulaufen
und die Geschenke einzukaufen.

Bei den Kindern ist das leicht,
weil es da vollkommen reicht,
die Wunschlisten abzuarbeiten.
So kann man Freude leicht bereiten.

Dem Opa kauft man Tabakware,
auch wenn sie ihn bringt auf die Bahre.
Für die Tante kauft man besser
mal ein neues Küchenmesser.

Pralinen machen Mamas glücklich.
Papas finden es erquicklich,
wenn man Flüssigkeiten schenkt
und auch an den Cognac denkt.

Bei der Freundin wird's schon schwierig.
Bin ich doch darauf begierig,
etwas Tolles mal zu finden,
mit dem ich kann Eindruck schinden.

Ist Parfüm zu abgedroschen?
Endlich fällt dann doch der Groschen.
Besser kauft man für die Nette,
was man selbst am liebsten hätte.

Beim Ehemann wird's richtig schwer.
Ist er doch leider einer, der
nun alles, was er braucht, schon hat.
Das setzt die Schenkerin schachmatt.

Doch am allerschlimmsten sind
Omas, die mir sagen: »Kind,
ich brauche nichts!« Worauf ich kauf
die Flinte für den Amoklauf.

Lückenbüßer:
Der Weihnachtsbaum steht faul herum.
Es flackert der Kerzen Glut.
Zum Glück ist es nicht andersrum.
Das wäre wohl nicht so gut.

Monika Kubach

Gut gelaufen, Thisbe!

Ida Obersteyns Tagebuch 2011
Eine Satire

Aus einem Interview mit Ida Obersteyn vom 13.2.2012:
»(…) Als Mutter von sechs Kindern bin ich natürlich automatisch eine Multitasking-Expertin. Anders könnte man eine so große Familie auch gar nicht so erfolgreich managen. Ich kann zum Beispiel gleichzeitig die Spülmaschine laufen lassen, mit einer Freundin telefonieren, auf ein Paket warten, die Wäsche trocknen, die Fertigpizza im Ofen backen, unsere große Tochter beim Putzen beaufsichtigen und den Zwillingen über die Köpfchen streichen, wenn sie an mir vorbeirennen. Mein Mann kann immer nur eine Sache auf einmal. Männer sind eben vom Mars und wir Frauen vom Vesuv. (…)«

Broschiert – 168 Seiten
ISBN-13: 978-3-8448-1891-8
Preis: 10,50 € (Stand 2015)
E-Book: 5,49 € (Stand 2015)

Monika Kubach

150 Limericks

Eine Reise durch Deutschland

Ein Buch zum Lesen, Verschenken und An-die-Wand-prügeln.
Die Reise von Aachen nach Zwickau in genau 150 Limericks.
Unterwegs trifft man in Städten und Dörfern Leute wie diese:

Den Nachbarn Hans-Otto aus Biberach,
den hielt immer nächtens ein Biber wach.
Statt Gift zu kaufen,
geht er nun saufen
und macht jetzt nachts selbst noch viel lieber Krach.

Es kann sich ein Dackel aus Oberhausen
vor harmlosen Tierärzten so sehr grausen.
Er jault dann immer
im Wartezimmer.
Dabei will man nur seinen Po entlausen.

Der Segelsportfan Kurt aus Wasserburg,
der hielt mal die ganze Regatta durch.
Am Ziel sprach dann
ein alter Mann:
»Schaut, Kinder, da kommt ja ein nasser Lurch!«

Broschiert – 56 Seiten
ISBN-13: 978-3-8482-2790-7
Preis: 3,90 € (Stand 2015)
E-Book: 1,99 € (Stand 2015)

Monika Kubach

Neues von der Fratze mit Hut

Satiren

Wie wehrt man sich gegen die gutgemeinten
Ratschläge seiner Mitmenschen?
Wie kann man seine wahren Gefühle vor der
Umwelt verbergen und höflich bleiben?
Warum wird man von seinem Umfeld
meistens nicht ernst genommen?

Dieses Buch gibt leider auch keine Antworten auf
solche essenziellen Fragen. In dieser Satire kämpft
eine erfolgreich erfolglose Hobbyautorin mit den
Widrigkeiten des Alltags, den kreativen Ratschlägen
ihrer resoluten Nachbarin und ihrer eigenen Naivität
und Fantasie. Zum Glück gibt es in ihrem Leben
einen Fels in der Brandung in Form eines Ehemanns,
der gar nicht versteht, was das Problem ist ...

Eine Satire zum Schmunzeln, Lachen,
Verschenken und Nachbarn-Wiedererkennen.

Broschiert – 160 Seiten
ISBN 978-3-7386-0025-4
Preis: 6,99 € (Stand 2015)
E-Book: 1,99 € (Stand 2015)